COMMENTAIRE

DE LA

LOI SUR LE VINAIGRE

ET

SUR L'ACIDE ACÉTIQUE

(Loi du 17 juillet 1875)

PAR

V. ÉMION

AVOCAT A LA COUR D'APPEL DE PARIS

Rédacteur au *Moniteur vinicole*

PARIS.

BERGER-LEVRAULT ET Cⁱᵉ, LIBRAIRES-ÉDITEURS

5, Rue des Beaux-Arts

MÊME MAISON A NANCY

—

1878

COMMENTAIRE

DE LA

LOI SUR LE VINAIGRE

ET

SUR L'ACIDE ACÉTIQUE

OUVRAGES DU MÊME AUTEUR

Des Délits et des Peines en matière de fraudes commerciales (*denrées alimentaires et boissons*). 1 vol. in-16. Prix. .   1 fr. 50

Le Régime des boissons (*Commentaire des lois rendues depuis 1871. — Tableaux complets des droits, des contraventions et des pénalités. — Documents statistiques sur la production vinicole de la France*). 1 fort vol. in-12. Prix . . . .   5 fr. »

Les Vins fuchsinés et la Justice. Brochure in-8°. Prix. .   1 fr. 50

Nancy, Berger-Levrault et Cie.

COMMENTAIRE

DE LA

LOI SUR LE VINAIGRE

ET

SUR L'ACIDE ACÉTIQUE

(Loi du 17 juillet 1875)

PAR

V. ÉMION

AVOCAT A LA COUR D'APPEL DE PARIS

Rédacteur au *Moniteur vinicole*

PARIS

BERGER-LEVRAULT ET Cie, LIBRAIRES-ÉDITEURS

5, Rue des Beaux-Arts

MÊME MAISON A NANCY

—

1878

COMMENTAIRE

DE LA

LOI SUR LE VINAIGRE

ET

SUR L'ACIDE ACÉTIQUE

(Loi du 17 juillet 1875)

(Exposé des motifs du 11 janvier 1875, *Journal officiel* du 21 janvier
1875, p. 542 et 543. — Rapport de M. Plichon du 5 juin 1875,
Journal officiel du 24 juin 1875, p. 4577 à 4579 ; du 25 juin 1875,
p. 4610 et 4611; du 27 juin 1875, p. 4673 à 4675; du 28 juin
1875, p. 4692 à 4694. — Discussion les 16 et 17 juillet 1875,
Journal officiel du 17 juillet 1875, p. 5450 et 5451; du 18 juillet 1875, p. 5493 à 5502. — Circulaire n° 161, du 1ᵉʳ août 1875.
— Circulaire n° 169, du 31 août 1875. — Circulaire n° 49, du 1ᵉʳ
décembre 1875. — Circulaire de la direction des douanes du 6 août
1875.)

Observations préliminaires.

1. — L'impôt établi par la loi du 17 juillet 1875 sur les
vinaigres est un impôt nouveau, car, jusqu'à cette époque, les
vinaigres n'avaient jamais été directement l'objet d'un impôt.

Les vinaigres de luxe, seuls, en payaient un indirectement
depuis 1816, l'article 115 de la loi du 28 avril 1816 soumettant
les bières destinées à être transformées en vinaigre au même
droit que les autres bières. D'un autre côté, la régie avait bien
cherché à faire payer le droit de circulation aux vins destinés
à la vinaigrerie ; mais sa prétention avait été repoussée par
un arrêt de la Cour de cassation en date du 30 avril 1817.

La question relative aux droits de consommation des alcools
employés à la fabrication des vinaigres était plus incertaine.

Plusieurs arrêts de la Cour de cassation des 24 novembre 1835, 17 août 1836 et 7 avril 1840, décidèrent que la loi de 1816 n'avait pas abrogé l'article 80 de la loi du 8 décembre 1814; que, par conséquent, les fabricants de vinaigre ne pouvaient obliger la régie à leur donner décharge des eaux-de-vie employées à la fabrication des vinaigres. Cependant, l'administration ne se crut pas fondée à appliquer les droits sur l'alcool aux simples flegmes produits dans les vinaigreries, destinés à la fabrication des vinaigres et acidifiés sur place, pourvu que leur force alcoolique ne fût pas portée au delà de 25 degrés. Plus tard, elle ne fit plus obstacle à la production, dans les vinaigreries et pour servir à la fabrication des vinaigres, des esprits épurés et rectifiés, à la condition de les ramener à 25 degrés à la sortie des appareils ou de les conduire directement, au sortir des appareils, dans les cuves contenant les mères-vinaigres. Elle admit même, moyennant certaines précautions, qu'on pût y produire des alcools destinés à la consommation. Enfin, elle accorda l'immunité de l'impôt en faveur des flegmes et des esprits imparfaits que les vinaigriers feraient venir de l'extérieur et qui seraient acidifiés, soit au départ, soit à l'arrivée.

Tel était l'état de la législation lorsqu'intervint la loi du 2 août 1872, dont l'article 4 frappe d'un droit de 30 fr. en principal les alcools dénaturés employés dans les arts et dans l'industrie, par suite, ceux servant à la fabrication des vinaigres.

En vertu de cette loi, les vinaigriers faisant leur vinaigre avec des alcools avaient à supporter l'impôt, tandis que ceux faisant leur vinaigre avec le vin, les flegmes d'alcool et l'acide acétique, en étaient exempts.

Les vinaigriers demandèrent alors que tous les vinaigres fussent soumis au même traitement.

Le 4 mars 1874, lors de la discussion de la loi relative aux nouveaux impôts, M. Claude (de Meurthe-et-Moselle) demanda par voie d'amendement :

1° Que la perception du droit de dénaturation qui atteignait les alcools employés à la fabrication du vinaigre fût étendue à tous les alcools, même à ceux qui, sous forme de simples flegmes, étaient produits dans les vinaigreries et exemptés de tout droit;

2° Que les vins transformés en vinaigre fussent soumis au droit de circulation;

3° Enfin, qu'une taxe fût établie sur l'acide acétique pyroligneux, employé à la fabrication des vinaigres.

En résumé, il demandait que tous les vinaigres sans exception fussent soumis à l'impôt.

La première de ces dispositions fut adoptée le 5 mars 1874 par l'Assemblée; aucun vote n'intervint sur les deux autres propositions.

Mais on comprit bientôt que, d'après nos traités avec la Belgique et l'Allemagne, les vinaigres venus de ces pays étant admis en France moyennant un droit uniforme, la disposition adoptée le 5 mars consommerait la ruine de la vinaigrerie française. En conséquence, l'Assemblée décida le 17 mars, d'accord avec le Gouvernement, que la disposition votée par elle le 5 mars ne serait pas promulguée.

C'est alors que le Gouvernement a pris texte de l'intention manifestée le 5 mars par l'Assemblée, pour faire cesser l'inégalité établie entre les vinaigriers par la loi de 1872. Il y avait pour cela deux moyens : ou de proposer l'exemption de l'impôt pour les vinaigres faits avec les alcools, c'est-à-dire l'abrogation de l'article 4 de la loi du 2 août 1872, ou de proposer, au contraire, l'extension de l'impôt à tous les vinaigres sans exception.

C'est, bien entendu, ce dernier moyen que le Gouvernement a choisi.

Les vinaigriers ont élevé de vives réclamations. Ils ont discuté le taux de l'impôt et la possibilité d'en assurer la perception régulière d'après l'échelle acétimétrique inscrite au projet de loi. Ils en ont contesté le produit probable et ont conclu au rejet du projet de loi, tout en réclamant le maintien du droit sur les alcools transformés en vinaigres, la mise à exécution de la disposition votée par l'Assemblée nationale le 5 mars 1874. « En d'autres termes, dit le rapport, ils ont demandé que tous les vinaigres fussent imposés, à l'exception des vinaigres de vin, qui seraient affranchis de toute espèce de taxe. »

Lors de la discussion du projet devant l'Assemblée, MM. Scheurer-Kestner, Ganivet et Maurice Rouvier ont vivement insisté pour que ce projet ne fût pas voté. M. Ganivet, notamment, a formellement contesté le rendement de 3 millions annoncé comme devant être le produit de l'impôt nouveau ; il a démontré l'inconvénient considérable que présenterait l'extension de l'exercice et la difficulté du titrage des vinaigres.

Mais M. Plichon, dans le rapport dressé par lui au nom de la commission spéciale, le ministre des finances et M. Claude (Meurthe-et-Moselle), à la tribune, ont défendu le projet, et ce projet a été voté, dans la séance du 17 juillet 1875, par 342 voix contre 211.

ARTICLE PREMIER.

(Exposé des motifs du 11 janvier 1875, *Journal officiel* du 21 janvier 1875, p. 543. — Rapport de M. Plichon du 5 juin 1875, *Journal officiel* du 27 juin 1875, p. 4675. — Discussion les 16 et 17 juillet 1875, *Journal officiel* du 17 juillet 1875, p. 5450 et 5451 ; du 18 juillet 1875, p. 5493 à 5502. — Circulaire n° 161, du 1er août 1875. — Circulaire n° 169, du 31 août 1875. — Circulaire n° 49, du 1er décembre 1875. — Circulaire de la direction des douanes du 6 août 1875.)

Il est établi un droit de consommation intérieure sur les vinaigres de toute nature et sur les acides acétiques fabriqués en France.

Ce droit est fixé ainsi qu'il suit :

1° En principal, par hectolitre :

Vinaigres contenant 8 p. 100 d'acide acétique et au-dessous, 4 fr. ;

Vinaigres contenant 9 à 12 p. 100 d'acide acétique, 6 fr. ;

Vinaigres contenant 13 à 16 p. 100 d'acide acétique, 8 fr. ;

2° En principal, par hectolitre :

Acides acétiques et vinaigres contenant 17 à 30 p. 100 d'acide, 15 fr. ;

Acides acétiques et vinaigres contenant 31 à 40 p. 100 d'acide, 20 fr. ;

Acides acétiques et vinaigres contenant plus de 40 p. 100 d'acide, 42 fr. ;

3° En principal :

Acide acétique cristallisé ou à l'état solide, par 100 kilogr., 50 fr.

Les mêmes droits sont perçus ou garantis, indépendamment des droits de douane, sur les vinaigres et les acides acétiques importés de l'étranger.

Les vinaigres et les acides destinés à l'exportation sont affranchis de tout droit.

Commentaire.

1. — Notre article porte (§ 1ᵉʳ) qu'un droit de consommation intérieure est établi sur les vinaigres de *toutes* sortes. Il importe de faire remarquer que, malgré les termes génériques de la loi, la disposition nouvelle dont nous nous occupons frappe exclusivement les vinaigres destinés « à la consommation de la bouche ».

M. Scheurer-Kestner avait proposé devant la commission de rédiger ainsi l'article 1ᵉʳ :

« Il est établi un droit de consommation intérieure sur les vinaigres de toute nature et sur les acides acétiques fabriqués en France et destinés à la consommation de la bouche. »

Mais la commission a repoussé l'amendement comme inutile ; c'est ce que M. Plichon constate formellement dans son rapport : « L'adjonction proposée par l'honorable M. Scheurer-Kestner a paru inutile. L'exposé des motifs, le texte du projet de loi, les termes de notre rapport ne permettent aucun doute sur le caractère de l'impôt. Nous avons l'honneur de vous proposer de ne point adopter cet amendement. »

Et, lors de la discussion de la loi devant l'Assemblée, la même déclaration a été faite par M. Léon Say, ministre des finances.

M. Scheurer-Kestner : « La commission, après avoir examiné mon amendement, m'a déclaré que le membre de phrase dont je demandais l'addition à l'article 1er du projet était inutile... »

M. Léon Say, ministre des finances : « Il est en effet inutile. »

M. Scheurer-Kestner : «... attendu qu'il ressortait de la loi et du rapport fait par la commission, qu'on n'entendait pas frapper les produits industriels, et que le Gouvernement ferait tout ce qu'il pourrait pour exonérer les matières destinées à l'industrie, c'est pourquoi je retire mon amendement à l'article 1er. »

M. le ministre des finances : « Je suis d'accord avec l'honorable M. Scheurer-Kestner sur le point qu'il vient d'indiquer. »

M. Scheurer-Kestner : « M. le ministre veut bien déclarer qu'il est d'accord avec moi sur l'interprétation que j'ai donnée de l'esprit de la loi. »

C'est donc là un point parfaitement constant.

2. — Le principe de l'impôt est la proportionnalité du droit basée sur la richesse acétique du vinaigre.

C'est encore là un point constant qui ressort très-nettement du rapport de M. Plichon et du texte de l'article dont nous nous occupons.

3. — Mais, par cela même que le droit est basé sur la richesse acétique du vinaigre, il serait juste d'accorder une tolérance au commerce, car il est essentiellement difficile d'arriver à une constatation absolument exacte de la force acétique des vinaigres.

C'est ce que reconnaissait M. Plichon, qui s'exprime ainsi

dans son rapport : « L'administration n'a pas contesté la difficulté d'arriver, par le titrage, à une constatation absolument exacte de la force acétique des vinaigres, et, comme votre commission, elle a reconnu la nécessité d'admettre au dosage une certaine tolérance au profit du commerce. L'étendue et les conditions d'application de cette tolérance seront déterminées par le règlement d'administration publique qui sera rendu en exécution de la loi. »

Malheureusement, ce règlement n'est point encore rendu et le commerce est ainsi laissé dans l'ignorance de la situation qui lui sera faite.

Ce retard est profondément regrettable, car tout le monde reconnaît la difficulté d'arriver à une constatation parfaitement exacte de la force acétique des vinaigres.

La circulaire des contributions indirectes en date du 1ᵉʳ août 1875 dit bien que, dans la plupart des cas, la simple dégustation permettra de reconnaître si la moyenne fixée par la loi est dépassée. Mais le directeur général s'empresse d'ajouter que l'administration enverra d'office dans chaque département un certain nombre d'acétimètres Salleron, et, dans sa circulaire du 6 août 1875, le directeur général des douanes annonce que chaque bureau d'importation sera pourvu d'un instrument de ce genre. On voit que les deux administrations ne regardent pas la simple dégustation comme devant être bien souvent suffisante.

D'un autre côté, l'acétimètre Salleron, est un instrument difficile à manier et qui, mal employé, peut amener des constatations erronées.

« Le projet de loi, disait M. Maurice Rouvier dans la séance du 17 juillet 1875, repose sur un système de vérification véritablement impraticable.

« Vous n'avez pas oublié, Messieurs, le petit instrument sur lequel s'égayait la verve de M. Pouyer-Quertier, le saccharimètre. L'instrument avec lequel on peut apprécier la quantité d'acide acétique que renferme un liquide est encore plus compliqué.

« Voulez-vous que je vous lise sa description ? Je ne saurais vous la décrire de mémoire.

« L'instrument Salleron, dit-on, remplit les conditions vou-
« lues ; mais il faut que cet instrument soit gradué avec une
« grande précision, de même que la pipette qui l'accompagne,
« qui doit mesurer, à une petite goutte près, 4 centimètres cubes
« du vinaigre à essayer ; qu'ensuite la liqueur de saturation,
« composée de borate de soude, teinte au tournesol et titrée
« au moyen de la liqueur alcalimétrique de Gay-Lussac, com-
« posée elle-même d'acide sulfurique chimiquement pur, à la
« dose de 100 grammes par litre d'eau distillée... » (*Oh! oh!
sur plusieurs bancs.*)

M. Scheurer-Kestner : « On se sert tous les jours de cet instrument. »

M. Maurice Rouvier : « Il y a des chimistes ici, M. Scheu-rer-Kestner, par exemple, qui ne seraient pas embarrassés de se servir de cet instrument ; mais, je le demande, parmi ceux qui n'ont pas l'habitude des expériences chimiques, des opérations de laboratoire, y en a-t-il beaucoup qui voudraient se charger d'une telle opération ?

« Eh bien, ce que nul de nous ne voudrait faire, vous allez le confier à des agents inférieurs de l'administration ! »

On voit que nous avions raison de dire que la force acéti-que des vinaigres est difficile à constater.

4. — Les droits nouveaux établis par notre article sont fixés en principal, d'où la conséquence qu'ils sont soumis à l'augmentation décrétée par l'article 2 de la loi du 30 décem-bre 1873.

Lors de la discussion de la loi, M. Ganivet déclarait que, s'il entrait dans l'intention de l'Assemblée d'ajouter les 2 dé-cimes et demi au principal fixé par le projet, il serait utile d'y insérer un mot pour s'expliquer à cet égard. Mais il faut reconnaître que M. Ganivet était sur ce point dans l'erreur, car la loi du 30 décembre 1873 est formelle et s'applique in-distinctement à toutes les taxes indirectes fixées en prin-cipal.

5. — L'échelle des droits a soulevé, dans le sein de la commission et devant l'Assemblée, de sérieuses réclamations.

On a fait observer que les vinaigres de bière, de cidre et de poiré, qui ne contiennent jamais plus de 4 p. 100 d'acide acétique, alimentent la consommation des classes pauvres et qu'il ne serait pas juste de frapper ces vinaigres d'un droit aussi élevé que celui applicable aux vinaigres d'une force et d'un prix beaucoup supérieurs ; on proposait, en conséquence, de fixer ainsi les taxes :

Pour les vinaigres de 4 degrés et au-dessous, 2 fr.;

Pour les vinaigres de 5 à 8 degrés, 4 fr.

Le Gouvernement repoussait cette modification en se fondant sur les difficultés qu'elle amènerait dans la pratique du service ; il ajoutait que, si la proposition était adoptée, les vinaigriers de vin et d'alcool seraient amenés à diminuer la force de leurs vinaigres, pour bénéficier du droit réduit et que le rendement de l'impôt s'en trouverait affecté. Enfin, il faisait observer que, sur une production totale de 400,000 hectolitres de vinaigres, 8,000 seulement avaient pour matières premières la bière et le cidre ; que, par conséquent, il n'y avait pas d'intérêt suffisant pour modifier le projet primitif établissant un droit uniforme de 4 fr. pour tous les vinaigres contenant 8 p. 100 d'acide acétique ou au-dessous.

La commission pensait, au contraire, que la question soulevée par l'amendement était, avant tout, une question de justice et qu'il n'était pas possible de sacrifier un semblable intérêt à des facilités de service. Elle ajoutait, dans son rapport, que, l'impôt sur le vinaigre étant un impôt proportionnel à la force acétique de la denrée, il était nécessaire d'admettre une échelle de droits qui n'impliquât pas la négation de cette proportionnalité. Elle proposait donc d'adopter la modification réclamée.

Ces observations paraissaient essentiellement justes et l'on devait croire qu'elles seraient consacrées par l'Assemblée. Malheureusement, lors de la discussion du projet de loi amendé par la commission, M. Claude (Meurthe-et-Moselle) reprit, à titre d'amendement, le projet primitif du Gouvernement. Sur ses observations et celles de M. Léon Say, ministre des finances, malgré la résistance de M. Plichon, rapporteur de la commission, le projet primitif du Gouvernement a été voté par l'Assemblée.

6. — Une discussion s'est également élevée devant l'Assemblée sur un autre point :

D'après le projet primitif du Gouvernement, les acétiques liquides et vinaigres contenant plus de 16 p. 100 d'acide acétique devaient payer un droit uniforme de 42 fr.

Devant la commission, M. Scheurer-Kestner proposait la tarification suivante :

Acides acétiques liquides et vinaigres contenant de 16 à 30 degrés d'acide, 15 fr.;

Acides acétiques liquides et vinaigres contenant de 30 à 40 degrés d'acide, 20 fr.;

Acides acétiques liquides et vinaigres contenant plus de 40 degrés d'acide, 40 fr.

M. Scheurer-Kestner se fondait sur ce que le principe de proportionnalité appliqué aux vinaigres ayant au plus 16 p. 100 d'acide acétique, cessait de l'être aux vinaigres contenant plus de 16 p. 100 d'acide acétique.

En présence de cet amendement, le Gouvernement consentait à ce qu'il fût établi deux classes de vinaigres :

L'une, comprenant les vinaigres qui contiennent de 17 à 30 degrés frappés d'un impôt de 20 fr.;

L'autre, comprenant les vinaigres qui contiennent 41 degrés et au delà frappés d'un impôt de 42 fr.

Enfin la commission proposait la tarification suivante :

De 17 à 30 degrés, 15 fr.;

De 31 à 41 degrés, 20 fr.;

De 41 et au delà, 42 fr.

La tarification à 42 fr. des vinaigres contenant plus de 40 p. 100 d'acide acétique lui paraissait nécessaire pour défendre le Trésor contre une possibilité de fraude : « L'acide acétique liquide du commerce, qui généralement n'a que 40 degrés, peut facilement, disait M. Plichon dans son rapport, être porté à 85 degrés ; il est donc nécessaire d'établir une tarification qui permette d'atteindre le produit concentré à sa dernière puissance »

Devant l'Assemblée, M. Scheurer-Kestner et le ministre des finances se sont mis d'accord pour accepter la tarification qui était proposée par la commission ; M. Scheurer-Kestner a retiré son amendement, auquel d'ailleurs, il faut le reconnaître, la commission donnait en grande partie satisfaction ; M. Léon Say n'a pas persisté à ne laisser établir que deux classes ; en conséquence, le projet de la commission a été adopté sans discussion par assis et levé.

7. — En résumé, les droits sont fixés ainsi, en vertu de notre article et de l'article 2 de la loi du 30 décembre 1873 :

	en principal.	y compris les 2 déc. 1/2.
De 8 p. 100 d'acide acétique et au-dessous.	4ᶠ	5ᶠ »ᶜ
De 9 à 12 p. 100 d'acide acétique. . . .	6	7 50
De 13 à 16 —	8	10 »
De 17 à 30 —	15	18 75
De 31 à 40 —	20	25 »
Plus de 40 —	42	52 50
Par 100 kilogr. :		
Acide acétique cristallisé ou à l'état soluble.	50	62 50

8. — Notre article porte que les mêmes droits seraient perçus et garantis, indépendamment des droits de douane, sur les vinaigres et les acides acétiques importés de l'étranger.

D'après les dispositions concertées entre les administrations des douanes et des contributions indirectes, l'importation des vinaigres et des acides acétiques en nature ou sous forme de mélanges, est soumise au même régime que l'importation des vins et des alcools.

Les importateurs ne peuvent donc obtenir l'entrée du territoire qu'après avoir levé, au bureau de la régie, un titre de mouvement constatant ou garantissant le paiement de l'impôt ʹintérieur.

Ce titre de mouvement est délivré au vu d'une formule émanant de la douane et énonçant, pour chacune des catégories du tarif, la quantité imposable.

Le Directeur général des douanes s'explique ainsi, dans la circulaire du 6 août 1875, au sujet de la constatation de la quantité imposable :

« D'après les renseignements donnés par l'administration des contributions indirectes, les vinaigres de consommation courante ne renferment pas généralement plus de 7 à 8 p. 100 d'acide acétique. Le service pourra donc se borner, pour les vinaigres importés de l'étranger, à une simple dégustation qui l'avertirait si cette moyenne était dépassée. Lorsque la force des vinaigres paraîtra supérieure à 8 degrés ou lorsqu'il s'agira d'acide acétique, la douane devra recourir à l'emploi de l'acétimètre Salleron, dont chaque bureau d'importation sera prochainement pourvu. Une instruction, qui accompagne chaque acétimètre, donne des explications très-détaillées sur l'emploi de l'appareil. La détermination du titre des produits au moyen de l'acétimètre Salleron étant une opération assez délicate, je recommande aux employés d'y apporter les plus grands soins et de s'abstenir d'élever des contestations pour de faibles différences. Toute fraction de degré sera négligée au profit des importateurs. »

Lorsqu'il s'agit de produits destinés à de simples consommateurs, à des détaillants, à des marchands en gros n'ayant pas réclamé le crédit du droit, où à des industriels ne profitant pas des exemptions prévues par l'article 5, la perception de l'impôt devra être immédiate et elle donne lieu à la délivrance d'un *congé*. Le paiement du droit est, au contraire, suspendu et garanti par un acquit-à-caution lorsque les envois sont destinés soit à des fabricants de vinaigre ou d'acide acétique, soit à des marchands en gros munis d'une licence et comme tels jouissant du crédit des droits, soit à des industriels admis à employer en franchise les vinaigres ou les acides acétiques.

9. — Notre article porte également que les vinaigres et acides acétiques destinés à l'exportation sont affranchis de tout droit.

Lors de la discussion devant l'Assemblée, M. Fourcand proposait un amendement ayant pour but de déclarer que les vinaigres employés à la préparation des moutardes, conserves et produits alimentaires seraient affranchis de tout droit. Mais, le rapporteur et le ministre des finances ont répondu que l'amendement était inutile, en ce sens que tout le monde était d'accord pour affranchir du droit les vinaigres employés à la préparation des moutardes, conserves et produits alimentaires.

Sur l'affirmation positive du rapporteur et du ministre des finances qu'il en serait ainsi, M. Fourcand a retiré son amendement et le dernier paragraphe a été voté sans discussion.

Nous devons ajouter que la circulaire des contributions indirectes du 1ᵉʳ août 1875 et la circulaire des douanes du 6 du même mois consacrent formellement cette exemption.

« L'article 1ᵉʳ, dit la circulaire du 1ᵉʳ août, affranchit des droits les vinaigres et les acides acétiques déclarés pour l'exportation. Cette disposition s'étend aux vinaigres et aux acides acétiques contenus dans les moutardes, conserves et autres produits alimentaires ainsi que dans les préparations de la parfumerie. »

Et la circulaire des douanes du 6 août 1875 porte également de son côté : « Aux termes de l'article 1ᵉʳ de la loi, les vinaigres et les acides acétiques destinés à l'exportation sont affranchis de droits. Cette disposition s'étend aux vinaigres et acides acétiques entrant dans la fabrication des moutardes, conserves et autres produits alimentaires, ainsi que les articles de parfumerie. Les expéditions auront lieu des fabriques, sous la garantie d'un acquit-à-caution des contributions indirectes, et la sortie effective sera constatée par la douane. »

Il est donc parfaitement certain que l'on doit regarder comme exempts de droits

1° Les vinaigres et acides acétiques entrant dans la composition des moutardes, conserves et autres produits alimentaires;

2° Les vinaigres et acides acétiques entrant dans la composition des articles de parfumerie.

En ce qui concerne les articles de parfumerie, l'exemption du droit est la conséquence du principe que la loi s'applique exclusivement aux vinaigres destinés à la consommation de la bouche (¹).

10. — Nous devons faire remarquer, en terminant, que le décret du 4 décembre 1872 doit être appliqué aux vinaigres comme aux alcools : « Les manquants attribués à des coula« ges, à des déchets d'évaporation donneront lieu, dit la cir« culaire du 1ᵉʳ août 1875, aux déductions qui sont accordées « aux marchands en gros en ce qui concerne les alcools. »

Du reste, aucun doute n'est possible sur l'extension des dispositions du décret de 1872 à tous les liquides alimentaires si l'on en rapproche celles des articles 103 de la loi de 1816, 87 de la loi du 25 mars 1817, 1 et 5 de la loi du 24 juin 1824, 6 de la loi du 20 juillet 1837, enfin des ordonnances des 21 août et 21 décembre 1838.

ARTICLE II.

(Exposé des motifs du 11 janvier 1875, *Journal officiel* du 21 janvier 1875, p. 543. — Rapport de M. Plichon du 5 juin 1875, *Journal officiel* des 27 juin 1875, p. 4675, et 28 juin 1875, p. 4692. — Discussion, le 17 juillet 1875, *Journal officiel* du 18 juillet 1875, p. 5495, 5496 et 5502. — Circulaire n° 161, du 1ᵉʳ août 1875. — Circulaire n° 169, du 31 août 1875. — Lettre com. n° 49, du 1ᵉʳ décembre 1875.)

Le droit sur les vinaigres et sur les acides acétiques produits en France, sera perçu à l'enlèvement des fabriques et assuré au moyen de l'exercice des fabriques, des magasins de gros et des débits, par

---

(¹) Voir plus haut le n° 1 de nos observations.

les employés des contributions indirectes, et au moyen des formalités à la circulation prescrites par le chapitre Ier, titre Ier, de la loi du 28 avril 1816.

Commentaire.

1. — Cet article est, en tous points, semblable à celui proposé par le Gouvernement; il n'a donné lieu, dans le sein de la commission, à aucune discussion.

Devant l'Assemblée il a été, lors de la discussion générale de la loi, critiqué par M. Ganivet en ce que l'exercice s'applique, d'après cette disposition, non-seulement aux fabriques, mais encore aux magasins en gros et aux débits. M. Ganivet a fait observer qu'il faudrait pénétrer dans les plus humbles débits pour un impôt devant rapporter au maximum 1,500,000 francs; qu'il arriverait probablement pour les vinaigres ce qui était arrivé pour les alcools : à mesure qu'on avait augmenté les droits, les détaillants avaient préféré renoncer à vendre ce produit plutôt que de s'exposer aux ennuis et aux vexations de cet exercice. Mais, lorsque l'Assemblée est arrivée à la discussion de l'article 2, personne n'a demandé la parole et l'article a été voté sans observations par assis et levé.

2. — Il résulte de notre article que l'exercice est applicable en qui concerne les acides acétiques comme en ce qui concerne les vinaigres.

Mais la circulaire du 1er août 1875 porte que les exercices n'ont pas besoin d'être journaliers chez les négociants et débitants. Les quantités reçues par les marchands en gros non entrepositaires et par les détaillants étant frappées du droit à l'enlèvement des fabriques ou des entrepôts, l'action des employés peut se borner chez eux à la reconnaissance des quantités introduites et à des vérifications intermittentes ayant pour objet de prévenir les introductions frauduleuses et surtout les fabrications clandestines.

3. — D'un autre côté, si les fabriques qui produisent des acides acétiques sont soumises à l'exercice, le service n'est pas

tenu de suivre toutes les opérations de la fabrication lorsque les fabriques produisent exclusivement de l'acide acétique impur; il peut se borner à des vérifications intermittentes ayant pour but de reconnaître si l'établissement continue à fonctionner dans les conditions déclarées. (Lettre comm. du 1er décembre 1875.)

4. — A l'égard des fabriques recevant des acides acétiques, lorsque le mauvais goût en sera bien constaté, que son emploi industriel dans l'usine sera justifié et que le fabricant aura effectué, s'il y a lieu, telle dénaturation complémentaire compatible avec la nature de son industrie, les employés pourront ne pas poursuivre plus loin leurs vérifications. (Lettre comm. du 1er décembre 1875.)

5. — La conséquence de l'établissement d'un droit sur les vinaigres et acides acétiques est que les formalités prescrites par le chapitre rer, titre Ier, de la loi du 28 avril 1816, pour la circulation des boissons, doivent être appliquées aux vinaigres et acides acétiques, et cette obligation s'applique, d'après la lettre comm. du 1er décembre 1875, aux acides acétiques mauvais goût comme aux acides acétiques bon goût.

6. — A l'égard des petites quantités de 2 à 3 litres, la circulaire du 1er août 1875 s'exprimait ainsi :

« Une exception paraît devoir être établie en ce qui concerne les vinaigres en nature et les acides acétiques enlevés par petites quantités des débits et des magasins non soumis à la licence. Il y a lieu d'admettre ici, dans des conditions analogues à ce qui existe pour les boissons, une limite de tolérance de 2 à 3 litres. Pour les quantités supérieures, les expéditeurs auront à lever, au bureau de la régie, un passavant n° 3 B. »

Mais l'administration a reconnu, elle-même, que cette obligation était trop rigoureuse à l'égard des transports de vinaigres et d'acides acétiques déjà libérés du droit, circulant en quantités de moyenne importance. En outre, il lui a paru juste de tenir compte de la situation exceptionnelle de certains commerçants qui colportent et vendent en détail, de place en place, du vinaigre ou des préparations au vinaigre et pour lesquels les formalités générales seraient difficiles à remplir.

En conséquence, l'administration a posé, dans une circulaire du 31 août 1875, des règles plus faciles à suivre que les anciennes en ce qui concerne :

. 1° L'enlèvement des fabriques et des entrepôts ;

2° Les quantités libérées du droit, enlevées de simples débits ou des magasins de gros non placés sous le régime de l'entrepôt ;

3° Les enlèvements pour le colportage et la vente de place en place.

ARTICLE III.

(Exposé des motifs du 11 janvier 1875, *Journal officiel* du 21 janvier 1875, p. 543. — Rapport de M. Plichon, du 5 juin 1875, *Journal officiel* des 27 juin 1875, p. 4675, et 28 juin 1875, p. 4692. — Discussion le 17 juillet 1875, *Journal officiel* du 18 juillet 1875, p. 5502. — Circulaire n° 161, du 1er août 1875. — Circulaire n° 169, du 31 août 1875. — Lettre comm. n° 49, du 1er décembre 1875.)

Art. 3. — Dans les trois jours de la promulgation de la présente loi, les fabricants de vinaigres ou d'acides acétiques, ainsi que les industriels qui, dans leurs préparations, mettent en œuvre des vinaigres ou de l'acide acétique, seront tenus de faire la déclaration de leur industrie dans les bureaux de la régie et de déclarer les espèces et quantités qu'ils auront en leur possession. Ces quantités seront passibles de l'impôt, sauf les exemptions prévues par l'article 5 ci-après.

Les quantités, existant à la même époque chez les marchands en gros et les détaillants de vinaigre ou d'acide acétique, seront également soumises aux droits. Ces quantités seront reprises par voie d'inventaire.

Une déclaration sera faite par les nouveaux fabricants dix jours au moins avant le commencement des travaux.

Les fabricants de vinaigre ou d'acide acétique sont soumis à un droit annuel de licence de vingt francs (20 fr.) en principal par établissement.

Les marchands en gros, qui demanderont le crédit de l'impôt, devront en faire la déclaration et se munir d'une licence, dont le droit sera de dix francs (10 fr.) en principal.

Sont considérés comme marchands en gros, les commerçants en vinaigre vendant des quantités supérieures à vingt-cinq litres.

Commentaire.

1. — Cet article a été, sauf de légères modifications, voté dans les termes où il avait été proposé par le Gouvernement. Ces modifications peu importantes, dont nous dirons un mot en nous occupant des divers paragraphes de l'article, ont été faites par la commission d'accord avec le Gouvernement ou acceptées par lui. L'article a été voté sans discussion dans la séance du 17 juillet 1875.

2. — Une observation à faire sur l'ensemble de l'article, c'est qu'il s'applique aussi bien aux fabricants et marchands en gros d'acide acétique impur servant à l'industrie qu'à l'acide acétique pur employé comme comestible. C'est du moins ce que déclare le directeur général dans la lettre comm. du 1er décembre 1875.

3. — Dans le paragraphe 1er les mots : « ainsi que les in-« dustriels qui, dans leurs préparations mettent en œuvre des « vinaigres ou de l'acide acétique », ont été ajoutés par la commission sur la demande du Gouvernement.

4. — L'administration s'est demandé si, sous le régime de

la loi dont nous nous occupons, les marchands en gros et les débitants pouvaient être admis à couper avec de l'eau les quantités existant en leur possession. La question a été résolue de la manière suivante par la circulaire du 31 août 1875 :

« Les mélanges de vinaigre et d'eau ont pour résultat, soit de modifier la qualité de la taxe, soit d'accroître le volume imposable. De tels mélanges constituent une véritable fabrication, et les marchands en gros qui veulent y procéder doivent faire une déclaration indiquant :

1° La quantité et le degré des vinaigres à diluer ;

2° La quantité d'eau qui doit y être ajoutée. Cette déclaration sera reçue à la recette buraliste ; elle devra avoir lieu douze heures d'avance dans les villes et trente-six heures dans les campagnes.

« Avertis tout aussitôt par les buralistes, les employés doivent, autant que possible, assister aux dilutions ; ils en constatent les résultats et ajoutent aux charges en volume (la quantité d'acide acétique ne change pas) la quantité d'eau ajoutée aux vinaigres.

« Telle serait aussi la marche à suivre chez les fabricants s'ils diluaient les vinaigres déjà pris en compte comme produits achevés.

« En principe, les coupages avec de l'eau sont interdits aux simples détaillants et aux marchands non entrepositaires. Toutefois, à la condition que les mélanges auront lieu en présence du service, ces commerçants pourront être admis, dans des cas exceptionnels, à verser de l'eau sur leurs vinaigres. Ils auraient à payer immédiatement le supplément de taxe qui pourrait devenir exigible par suite des dilutions. »

5. — Le paragraphe 4 soumet les fabricants de vinaigre ou d'acide acétique à une licence annuelle de 20 fr., en principal, par établissement, et le paragraphe 5 soumet à une licence annuelle de 10 fr., en principal, les marchands en gros qui demandent le crédit de l'impôt.

Dans le projet primitif du Gouvernement, la licence devait être de 50 fr. pour les fabricants et les marchands en gros ;

sur la demande de la commission, le Gouvernement a accepté de réduire à 20 fr. la licence de fabricant. Mais, à l'égard des marchands en gros, la commission a pensé que le chiffre de 10 fr. serait suffisant.

« Les opérations relatives au placement des vinaigres ne portent généralement, dit le rapport, que sur de très-faibles quantités. Les marchands en gros sont des intermédiaires indispensables aux vinaigriers pour l'écoulement de leurs produits, surtout aux vinaigriers de vin. On s'exposerait à les voir disparaître si le droit de licence auquel ils sont assujettis n'était pas minime. » Le Gouvernement a fini par accepter ce chiffre lors de la discussion devant l'Assemblée.

6. — La licence étant fixée par la loi en principal, est soumise à l'augmentation résultant de la loi du 30 décembre 1873 (art. 2).

Elle est donc de 25 fr. pour les fabricants ;

12 fr. 50 c. pour les marchands en gros, c'est-à-dire, comme l'explique le dernier paragraphe de notre article, les commerçants en vinaigres vendant des quantités supérieures à 25 litres (¹).

7. — D'après la circulaire du 1ᵉʳ août 1875, le droit de licence doit être payé intégralement à quelque époque de l'année que la licence soit délivrée.

C'est là, suivant nous, une erreur grave qu'il nous paraît important de signaler et de combattre. Sans doute, jusqu'à la loi de 1832, le droit était dû pour l'année entière à quelque époque que la licence fût prise.

Mais, d'après l'article 44 de la loi du 21 avril 1832 : « Les licences autres que celle des voitures publiques, ne seront plus payées que par trimestre. Le droit sera toujours dû pour le trimestre entier, à quelque époque que commence ou cesse le commerce. » Il faut donc appliquer cette disposition aux

---

(¹) Cette licence est encore bien inférieure à celle de 100 fr. imposée, par l'article 6 de la loi du 1ᵉʳ septembre 1871, aux marchands en gros de boissons.

licences de marchands en gros de boissons, de fabricants et marchands en gros de vinaigres.

M. Olibo, dans son commentaire de la loi du 1er septembre 1871, a fait l'application de ce principe à la licence des marchands en gros de boissons; il y a même raison de décider au sujet de la licence des fabricants et marchands en gros de vinaigres.

8. — On s'est demandé si la licence était due par des marchands en gros de boissons qui vendent comme déchets les vins aigres.

Nous pensons qu'ils ne sont pas soumis à la licence, car la loi n'est faite que pour ou plutôt contre les marchands de vinaigres. Or, le marchand de vins en gros qui, en fin d'année, cherche à se débarrasser de ses vins aigres, n'agit pas comme marchand de vinaigres; il n'a pas acheté les vins, il ne les a pas laissés s'aigrir pour les vendre comme vinaigres; tout au contraire, il voudrait bien pouvoir éviter de les vendre comme tels.

Mais, pour que cette immunité existe, il faut, cela va sans dire : qu'il s'agisse bien réellement de vins aigres, en d'autres termes, de déchets; que la quantité de ces déchets ne soit pas considérable et que le marchand n'achète pas des vins tournant facilement à l'aigre pour les revendre comme vinaigres.

ARTICLE IV.

(Exposé des motifs du 11 janvier 1875, *Journal officiel* du 21 janvier 1875, p. 543. — Rapport de M. Plichon, du 5 juin 1875, *Journal officiel* du 28 juin 1875, p. 4692 et 4693. — Discussion le 17 juillet 1875, *Journal officiel* du 18 juillet 1875, p. 5502, 5503, 5504 et 5505. — Circulaire n° 161, du 1er août 1875.)

Les fabricants, les marchands en gros, les détaillants de vinaigres et d'acides acétiques ne pourront se livrer à la fabrication et à la distillation des eaux-de-vie et esprits dans les locaux et les magasins où

ils exercent le commerce des vinaigres et des acides
acétiques.

Les marchands en gros de vins, cidres, alcools, etc.,
ne pourront se livrer à la fabrication des vinaigres que
dans des locaux distincts et entièrement séparés des
magasins où ils exercent le commerce des boissons.

Toutefois, les fabricants qui, antérieurement à la
promulgation de la présente loi, ont été autorisés,
soit à produire dans les vinaigreries mêmes de simples
flegmes de 25° au maximum, destinés à être employés
sur place à la fabrication des vinaigres, soit à exercer
le commerce en gros des vins et des cidres dans les
dépendances de la vinaigrerie, seront maintenus en
possession de cette faculté, sous les conditions déterminées par le règlement d'administration publique
prévu par l'article 8 ci-après.

Commentaire.

1. — Cet article ayant donné lieu à de vives discussions
dans le sein de la commission et devant l'Assemblée, nous
croyons devoir en fournir le commentaire paragraphe par paragraphe.

2. — Le paragraphe premier, malgré son importance, a été
adopté par la commission et par l'Assemblée tel qu'il avait
été proposé par le Gouvernement.

3. — Le paragraphe deuxième de l'article, qui formait le
paragraphe troisième du projet du Gouvernement, a également
été adopté sans discussion par la commission et par l'Assemblée.

4. — Le paragraphe troisième de l'article, qui formait le
paragraphe deuxième du projet du Gouvernement, a donné
lieu, au contraire, à une vive discussion.

Cette disposition était ainsi conçue d'après le projet primitif du Gouvernement : « Toutefois, les fabricants qui, antérieurement à la promulgation de la présente loi, auront été admis à produire dans les vinaigreries mêmes des flegmes destinés à être convertis en vinaigre, pourront continuer à distiller sous les conditions anciennes, sous la réserve que les flegmes ainsi obtenus n'auront pas une force supérieure à 25 degrés et qu'ils seront employés, sur place, à la fabrication des vinaigres. »

La commission a pensé que cette disposition pouvait bien protéger les vinaigriers qui produisent des flegmes destinés à leur vinaigrerie, mais qu'elle ne protégeait pas ceux qui distillent des flegmes et des alcools. « Il existe en effet, dit le rapport, des fabricants de vinaigres qui ne produisent pas seulement des flegmes, mais aussi des alcools parfaits ; les flegmes sont destinés à la fabrication du vinaigre, les alcools parfaits, à la consommation. Quelques industriels étaient même autorisés à recevoir du dehors des flegmes et des alcools parfaits, qu'ils rectifiaient et qu'ils employaient à l'une ou l'autre des destinations. Les établissements de ce genre sont assujettis à une surveillance et à des règlements spéciaux, qui garantissent d'une manière complète le recouvrement des droits du Trésor. »

La commission proposait, en conséquence, la rédaction suivante :

« Toutefois, les fabricants de vinaigre qui, antérieurement à la promulgation de la présente loi, étaient autorisés à produire des flegmes pour la vinaigrerie et des eaux-de-vie et esprits pour la consommation, pourraient continuer à exercer leur industrie dans les mêmes locaux en restant assujettis aux mêmes prescriptions réglementaires. »

Mais, lorsque l'article est venu en discussion devant l'Assemblée, M. le ministre des finances a vivement insisté pour le rejet du paragraphe proposé par la commission et pour l'adoption du paragraphe proposé par le Gouvernement. Le rapporteur a vivement insisté, de son côté, en consentant seulement à retrancher du projet de la commission les mots :

« en restant assujettis aux mêmes prescriptions réglementaires ».

Malgré cette concession, le paragraphe proposé par la commission a été repoussé.

Le paragraphe du Gouvernement ayant été ensuite soumis à l'Assemblée, M. le ministre des finances a proposé la rédaction définitive suivante :

« Toutefois les fabricants qui, antérieurement à la promulgation de la présente loi, ont été autorisés, soit à produire dans les vinaigreries mêmes de simples flegmes de 25 degrés au maximum, destinés à être employés sur place à la fabrication des vinaigres, soit à exercer le commerce en gros des vins et des cidres dans les dépendances de la vinaigrerie, seront maintenus en possession de cette faculté, sous les conditions déterminées par le règlement d'administration publique prévu par l'article 8. »

M. des Rotours et le rapporteur ont demandé le retrait de ces mots : « sous les conditions déterminées par le règlement d'administration publique prévu par l'article 8 ». Ils ont soutenu qu'il ne fallait pas laisser au Conseil d'État le soin de déterminer ces conditions et que l'Assemblée devait elle-même faire la loi.

Mais, sur l'insistance du ministre des finances, la dernière rédaction proposée par le Gouvernement a été votée sans modification.

En attendant que le règlement ait été rendu, les exceptions qui existaient avant la loi nouvelle sont maintenues dans les conditions anciennes ; c'est ce que déclare la circulaire du 1er août 1875.

5. — Il résulte de la discussion que nous venons de résumer, que la séparation des locaux est obligatoire pour tous, en ce qui concerne les alcools. Cela est éminemment regrettable, mais c'est la loi : *dura lex sed lex*. L'administration prescrit donc à ses agents, par la circulaire du 1er août 1875, de tenir la main à ce que « désormais les spiritueux en la possession des fabricants de vinaigres, tant anciens que nouveaux, soient,

emmagasinés dans des locaux distincts et séparés de la vinaigrerie ».

6. — La commission avait proposé l'adoption d'un paragraphe ainsi conçu : « Cette disposition (celle contenant pour
les marchands en gros de vins, cidres, alcools, qui fabriquent
des vinaigres, l'obligation de ne se livrer à cette fabrication
que dans des locaux distincts et entièrement séparés des magasins où ils exercent le commerce des boissons) n'est pas
applicable aux marchands en gros qui, antérieurement à la
promulgation de la présente loi, étaient en même temps fabricants de vinaigres et dont les opérations de vinaigrage s'exé-
cutent dans les mêmes locaux. Ils sont autorisés à exercer leur
industrie dans les mêmes conditions. »

Mais, sur les observations du ministre des finances et malgré l'insistance de M. Raudot, cette disposition a été repoussée
par l'Assemblée.

7. — En résumé, d'après l'article tel qu'il a été voté : les
fabricants de vinaigres continuent à jouir de la tolérance, sous
les conditions qui seront déterminées par le règlement d'administration publique à intervenir et seulement en ce qui concerne les flegmes ; la tolérance n'existe plus pour les alcools.

La tolérance est supprimée, même en ce qui concerne les
flegmes, à l'égard des marchands en gros de vins, cidres ou
alcools.

ARTICLE V.

Exposé des motifs du 11 janvier 1875, *Journal officiel* du 21 janvier
1875, p. 543. — Rapport de M. Plichon, du 5 juin 1875, *Journal
officiel* du 28 juin 1875, p. 4693. — Discussion le 17 juillet 1875,
Journal officiel du 18 juillet 1875, p. 5505 et 5506. — Circulaire
n° 161, du 1er août 1875. — Lettre commune n° 49, du 1er décembre 1875. — Circulaire des douanes du 6 août 1875.)

Les vinaigres et acides acétiques employés à des
usages industriels pourront être exemptés des droits
établis par l'article 1er si l'emploi en est suffisamment justifié. Cette justification résultera de l'exer-

cice des établissements qui réclameront le bénéfice de l'exemption.

Les frais de surveillance seront à la charge des industriels. Ils ne pourront représenter que la dépense réellement effectuée par la régie et seront établis à la fin de chaque année et réglés par le ministre des finances, sauf recours des intéressés au Conseil d'État.

Le service de la régie pourra exiger que les acides acétiques employés en franchise de l'impôt soient dénaturés en sa présence.

Les dispositions du présent article ne sont pas applicables aux vinaigres et acides acétiques destinés à la fabrication des vinaigres de toilette et autres produits de la parfumerie, ni aux vinaigres et acides employés à la préparation des moutardes, conserves et produits alimentaires de toute nature.

Commentaire.

1. — Sur le premier paragraphe de l'article, M. Scheurer-Kestner avait proposé un amendement ayant pour but de déclarer que l'exercice pût être remplacé, au gré des consommateurs, par la dénaturation des parties, chaque fois que cette dénaturation serait possible.

Mais, devant la commission et devant l'Assemblée, le ministre des finances s'est opposé à l'adoption de l'amendement, en se fondant sur la crainte qu'on ne cherchât à donner à la disposition proposée une interprétation tout autre que celle qui était dans la pensée de son auteur. « L'option dont elle ou- « vrirait la faculté, au lieu d'être réservée à l'administration « seule, pourrait, disait le ministre, être réclamée par des « assujettis, qui prétendraient qu'elle a été introduite en leur « faveur. » Mais M. Léon Say donnait en même temps l'assurance que l'exercice ne serait point effectif partout où la dénaturation des acides acétiques suffirait pour garantir les intérêts du Trésor.

En présence de cette promesse, la commission crut devoir repousser l'amendement, et, lors de la discussion devant l'Assemblée, M. Scheurer-Kestner, sur la promesse renouvelée par le ministre, déclara retirer son amendement.

Pour qu'il ne puisse pas s'élever de doute sur l'interprétation que doit recevoir le paragraphe 1er de l'article, nous croyons devoir reproduire la partie de la discussion qui se rapporte à l'amendement dont nous parlons.

M. Scheurer-Kestner : « M. le ministre des finances a dit à la commission qu'il ne pouvait admettre que le consommateur fût libre de choisir ou la dénaturation ou l'exercice, mais il a promis de tenir compte de mon observation, et il a donné l'assurance à la commission que l'exercice ne serait point effectif partout où la dénaturation des acides acétiques suffirait pour garantir les intérêts du Trésor. (M. le ministre des finances fait un signe d'assentiment.)

« Je vois M. le ministre faire un signe d'assentiment ; dans ces conditions, je retire mon amendement. (Très-bien !)

M. le ministre des finances : « Je suis d'accord avec vous. »

Malheureusement, nous ne trouvons rien dans les circulaires explicatives de la régie qui donne satisfaction au vœu émis devant l'Assemblée. D'après la circulaire du 1er août 1875 : « Par l'article 5 de la loi, l'immunité de tout droit pour les vinaigres et les acides acétiques employés à des usages industriels est accordée, à la condition que l'emploi en sera suffisamment justifié. Cette justification résultera de l'exercice des établissements qui réclameront le bénéfice de l'exemption. »

Comme on le voit, l'administration ne paraît pas regarder la dénaturation comme un moyen de se soustraire au paiement du droit.

Il est vrai que, d'après un autre paragraphe de la même circulaire, « la décharge des acquits-à-caution délivrés pour des vinaigres ou des acides acétiques destinés aux établissements industriels sera subordonnée, soit à la dénaturation des produits en présence du service, soit à la justification de leur emploi à des usages industriels ». Mais, en cela, l'administration ne fait que reproduire les termes du paragraphe 3 de l'article 5 de la loi.

Il est vrai aussi que, d'après la même circulaire : « Les autres conditions auxquelles l'immunité devra être subordonnée seront déterminées par un règlement d'administration publique. » Mais ce règlement n'a point encore paru et c'est là une promesse vague qui ne ressemble en rien à la promesse formelle faite à l'Assemblée par le ministre des finances.

Quoi qu'il en soit, la promesse de M. Léon Say n'en existe pas moins et nous aimons à croire que l'administration tiendra à honneur de remplir la promesse faite par son chef supérieur. Nous ne voulons tirer de ces faits qu'une conclusion : c'est qu'en cette matière comme en toute autre il vaut mieux tenir que courir, et que, lorsqu'un député propose un amendement ayant pour but de garantir les intérêts légitimes des assujettis, il vaut mieux insister pour l'adoption de l'amendement proposé que de s'en fier à la promesse, même d'un ministre.

2. — On s'est demandé, au sujet du paragraphe 1er de notre article, si la décharge de l'impôt pouvait être accordée aux acides acétiques *mauvais goût*. Mais la lettre commune du 1er décembre 1875 résout la question dans le sens de la négative : « l'emploi effectué, chez le destinataire, à un usage industriel, pouvant seul, d'après l'administration, motiver la décharge de l'impôt ».

3. — Le second paragraphe de notre article n'est pas conforme à l'article proposé primitivement par le Gouvernement. La seconde phrase du paragraphe tel qu'il existe aujourd'hui a été ajoutée par suite d'une proposition de M. Scheurer-Kestner.

Dans le projet du Gouvernement, il était dit seulement que les frais de surveillance seraient à la charge des industriels. M. Scheurer-Kestner proposa d'y ajouter ces mots :

« sans que ces frais puissent dépasser le vingtième de l'impôt établi par l'article 1ᵉʳ ».

Devant la commission et devant l'Assemblée, le ministre s'est opposé à l'adoption de cet amendement, et l'on s'est mis d'accord pour y substituer la rédaction adoptée, dans l'intérêt des assujettis, par les auteurs du règlement d'administration publique rendu à la suite de la loi établissant un impôt sur les savons.

Nous devons dire que cette disposition n'était pas inutile, puisque, d'après la déclaration faite à la tribune de l'Assemblée par M. Scheurer-Kestner, « une seule usine avait payé en une année, pour l'exercice de l'impôt sur les huiles et savons, une somme de 10,000 francs ».

4. — D'après le dernier paragraphe de notre article, les dispositions de cet article ne sont pas applicables aux vinaigres et acides acétiques destinés à la fabrication des vinaigres de toilette et autres produits de la parfumerie, ni aux vinaigres et acides employés à la préparation des moutardes, conserves et produits alimentaires de toute nature.

Nous nous expliquons cette disposition en ce qui concerne les vinaigres et acides employés à la préparation des moutardes, conserves et autres produits alimentaires, mais nous ne pouvons la comprendre en ce qui concerne les vinaigres et acides acétiques employés à la fabrication des vinaigres de toilette et autres produits de la parfumerie ; elle nous semble en contradiction formelle avec la déclaration faite par l'honorable rapporteur M. Plichon, lors de la discussion de l'article 1ᵉʳ, que l'impôt devait frapper exclusivement les vinaigres « destinés à la consommation de la bouche ». Cela prouve à quels déplorables résultats arrivent nos Assemblées en délibérant avec trop de précipitation les lois qui ne sont pas exclusivement politiques.

Quoi qu'il en soit, la loi existe et doit être obéie.

La circulaire du 1ᵉʳ août 1875 explique aussi la manière dont le dernier paragraphe de l'exercice doit être interprété : « Les industriels qui se livrent à ces fabrications (vinaigres

de toilette et autres produits de la parfumerie), à ces préparations (moutardes, conserves et autres produits alimentaires),
sont dans la même situation que les simples marchands de
vinaigre. Ils doivent se pourvoir d'une licence s'ils veulent
obtenir le crédit des droits sur les vinaigres et acides, et alors
le régime de l'entrepôt s'étend aux préparations elles-mêmes.
S'ils acquittent l'impôt sur les vinaigres et acides acétiques
qu'ils reçoivent, ils font librement les préparations, et sous la
condition exprimée relativement aux simples marchands de
vinaigres, tous leurs produits sont considérés comme libérés
de l'impôt. »

5. — Pour terminer nos observations sur l'article 5, nous
dirons que, pour les préparations à base de vinaigre, la quantité de vinaigre employée à leur confection est déterminée en
vinaigre à 8 degrés.

D'après un avis du comité consultatif des arts et manufac-
tures, les vinaigres de toilette sont de simples vinaigres par-
fumés. Le droit de 4 fr. est ainsi applicable à la totalité du
liquide. La moutarde représente, en moyenne, l'emploi de
60 centilitres de vinaigre par kilogramme, et les conserves alimentaires, l'emploi de 80 centilitres. La quantité de vinaigre
à 8 degrés, imposable pour la moutarde, est en conséquence
de 60 litres, et pour les conserves, de 80 litres par 100 kilogrammes.

Nous devons ajouter que ces bases, établies pour les produits fabriqués en fraude, sont également applicables aux produits similaires étrangers importés en France. (Circulaire des
douanes du 6 août 1875.)

ARTICLE VI.

(Exposé des motifs du 11 janvier 1875, *Journal officiel* du 21 janvier 1875, p. 543. — Rapport de M. Plichon du 5 juin 1875, *Journal officiel* du 28 juin 1875, p. 4693. — Discussion le 17 juillet 1875, *Journal officiel* du 18 juillet 1875, p. 5506. — Circulaire n° 161, du 1er août 1875.)

Les vins, bières, cidres, alcools, pris en charge et transformés en vinaigres dans les fabriques, seront affranchis des droits dont ils pourraient être passibles au profit du Trésor.

Commentaire.

1. — Cet article a été voté sans discussion par l'Assemblée, dans les termes où'il avait été proposé par le Gouvernement, à l'exception du mot *bières*, qui a été ajouté par la commission, l'omission de la bière n'ayant été, d'après le rapporteur, qu'un oubli de la part du rédacteur du projet.

Cette disposition consacre l'immunité dont, en fait, les vins, cidres et flegmes, ont joui jusqu'à présent; elle supprime le droit de dénaturation relativement aux alcools convertis en vinaigre; enfin, elle abroge l'article 115 de la loi du 28 avril 1816, qui assujettit au droit de fabrication les bières converties en vinaigre.

Un règlement d'administration publique statuera sur les conditions auxquelles pourra être subordonné l'emploi des bières en franchise. La disposition de la loi reçoit toutefois dès à présent son application.

Les bières expédiées des brasseries, à destination des fabricants de vinaigre, sont enlevées en vertu d'acquits-à-caution; elles sont portées en décharge au compte du brasseur expéditeur. Lors de l'établissement des décomptes mensuels il est fait abstraction des quantités ainsi expédiées. Les acquits-à-caution sont déchargés à l'arrivée, après que les bières ont été reconnues et dénaturées, en présence des employés, par le versement de 10 à 12 p. 100 de vinaigre à 7 degrés.

2. — La commission s'est demandé s'il convenait de laisser soumis aux droits spéciaux les glucoses et les sucres qui entrent concurremment avec les alcools, vins, bières, dans la fabrication des vinaigres.

Sur ce point la commission a interrogé le Gouvernement, qui a répondu affirmativement: « Plusieurs industries, a-t-il dit, font entrer des glucoses et des sucres dans la composition de produits assujettis à l'impôt, et aucune d'elles n'a jamais obtenu le dégrèvement des droits dont ces deux denrées sont passibles. L'administration ne croit pas pouvoir faire une exception en faveur de l'industrie du vinaigre. »

Et la circulaire du 1ᵉʳ août 1875 ajoute : « L'exemption d'impôt applicable aux substances converties en vinaigre n'est prononcée que pour les vins, cidres et poirés, alcools et bières. Il s'agit d'une énumération limitative qui ne comporte pas d'extension par voie d'analogie. »

ARTICLE VII.

(Exposé des motifs du 11 janvier 1875, *Journal officiel* du 21 janvier 1875, p. 543. — Rapport de M. Plichon, du 5 juin 1875, *Journal officiel* du 28 juin 1875, p. 4693. — Discussion le 17 juillet 1875, *Journal officiel* du 18 juillet 1875, p. 5506. — Circulaire n° 161, du 1ᵉʳ août 1875.)

Sont applicables aux visites et vérifications des employés des contributions indirectes dans les fabriques de vinaigres ou d'acides acétiques, les dispositions des articles 235, 236, 237, 238 et 245 de la loi du 28 avril 1816, ainsi que celles de l'article 24 de la loi du 21 juin 1873.

Commentaire.

1. — Cet article, dont le texte proposé par le Gouvernement n'a pas été modifié, n'a donné lieu à aucune discussion, ni devant la commission ni devant l'Assemblée.

2. — Les articles 235, 236, 237, 238 et 245 de la loi de 1816 et l'article 24 de la loi de 1873 sont ainsi conçus :

Loi du 28 avril 1816 :

Art. 235. Les visites et exercices que les employés sont autorisés à faire chez les redevables ne pourront avoir lieu que pendant le jour ; cependant, ils pourront aussi être faits la nuit dans les distilleries, lorsqu'il résultera des déclarations que ces établissements sont en activité, et, chez les débitants de boissons, pendant tout le temps que les lieux de débit seront ouverts au public.

Art. 236. Les visites et vérifications que les employés sont autorisés à faire pendant le jour seulement ne pourront avoir lieu que dans les intervalles de temps déterminés par l'article 26 de la présente loi (¹).

Art. 237. En cas de soupçon de fraude à l'égard des particuliers non sujets à l'exercice, les employés pourront faire des visites dans l'intérieur des habitations, en se faisant assister du juge de paix, du maire, de son adjoint ou du commissaire de police, lesquels seront tenus de déférer à la réquisition qui leur en sera faite et qui sera transcrite en tête du procès-verbal. Ces visites ne pourront avoir lieu que d'après l'ordre d'un employé supérieur du grade de contrôleur au moins, qui rendra compte des motifs au directeur du département.

(¹) Pendant les mois de janvier, février, novembre et décembre : depuis 7 heures du matin jusqu'à 6 heures du soir.

Pendant les mois de mars, avril, septembre et octobre : depuis 6 heures du matin jusqu'à 7 heures du soir ;

Pendant les mois de mai, juin, juillet et août : depuis 5 heures du matin jusqu'à 8 heures du soir.

Les marchandises transportées en fraude, qui, au moment d'être saisies, seraient introduites dans une habitation pour les soustraire aux employés, pourront y être suivies par eux, sans qu'ils soient tenus, dans ce cas, d'observer les formalités ci-dessus prescrites.

Art. 238. Les rébellions ou voies de fait contre les employés seront poursuivies devant les tribunaux, qui ordonneront l'application des peines prononcées par le Code pénal, indépendamment des amendes et confiscations qui pourraient être encourues par les contrevenants. Quand les rébellions ou voies de fait auront été commises par un débitant de boissons, le tribunal ordonnera, en outre, la clôture du débit pendant un délai de trois mois au moins et de six mois au plus.

Art. 245. Les autorités civiles et militaires, et la force publique, prêteront aide et assistance aux employés pour l'exercice de leurs fonctions toutes les fois qu'elles en seront requises.

Loi du 21 juin 1873 :

Art. 24. Pour la pesée des chicorées et des produits similaires, lors des exercices, des recensements et de la vérification de chargement au départ ou à l'arrivée, les fabricants et marchands munis de licence de fabricant seront tenus de fournir les ouvriers ainsi que les balances, poids et ustensiles nécessaires.

ARTICLE VIII.

(Exposé des motifs du 11 janvier 1875, *Journal officiel* du 21 janvier 1875, p. 543. — Rapport de M. Plichon, du 5 juin 1875, *Journal officiel* du 28 juin 1875, p. 4693. — Discussion le 17 juillet 1875, *Journal officiel* du 18 juillet 1875, p. 5506. — Circulaire n° 161, du 1ᵉʳ août 1875.)

Un règlement d'administration publique statuera sur les mesures complémentaires que nécessiterait l'exécution des présentes dispositions, et déterminera, s'il y a lieu, les conditions dans lesquelles s'exercera l'immunité accordée par l'article 5, pour les acides acétiques employés à des usages industriels.

Commentaire.

1. — Cet article n'a donné lieu à aucune discussion, ni devant la commission, ni devant l'Assemblée.

2. — Le règlement annoncé par notre article sera préparé, dit la circulaire du 1er août 1875, « lorsque l'expérience aura permis de se rendre compte d'une manière précise du fonctionnement du nouvel impôt. En attendant, les directeurs, les sous-directeurs et les inspecteurs devront veiller à l'application des mesures prescrites par la présente circulaire, tout en accordant aux assujettis les facilités et les tempéraments compatibles avec les intérêts du Trésor. »

3. — Ce règlement n'a point encore été rendu; mais il résulte de la déclaration faite par le ministre devant la commission, que ce règlement serait le même que celui édicté pour la mise à exécution de la loi du 30 décembre 1873, relative à l'impôt sur les savons (¹).

Ce règlement, qui porte la date du 8 janvier 1874, est ainsi conçu :

Art. 1er. — Les fabricants de savon doivent, au moment où ils font la déclaration prescrite par l'article 7 de la loi du 30 décembre 1873, payer le prix de la licence dont ils sont tenus de se munir.

Tant qu'ils n'ont pas déclaré cesser leur industrie, ils ont à payer, le 1er janvier de chaque année, le même droit de licence.

A défaut de paiement effectué d'office au renouvellement de l'année, le recouvrement du prix de la licence est assuré dans les conditions déterminées par la législation des contributions indirectes pour les autres droits constatés.

______

(¹) *Journal officiel,* 28 juin 1875, p. 4693.

Art. 2. — La déclaration prescrite par l'article 7 de la loi du 30 décembre 1873 doit présenter la description de la fabrique et indiquer :

La nature des savons fabriqués ;

Le mode de fabrication ;

La nature, le nombre et la contenance des chaudières, cuves, *mises* ou *formes* et autres appareils servant à la fabrication ;

Le nombre et l'espèce des instruments ou ustensiles employés pour achever la fabrication et pour marquer les produits ;

Le régime de la fabrique pour les jours et heures de travail.

Chaque chaudière, cuve, *mise* ou *forme*, ou autre appareil, reçoit un numéro d'ordre peint à l'huile en caractères apparents.

La contenance est vérifiée par le jaugeage métrique. En cas de contestation, elle est constatée par empotement. L'eau et les ouvriers nécessaires sont fournis par le fabricant.

Il est défendu de modifier l'outillage des fabriques, et, en particulier, d'augmenter le nombre des chaudières et des *mises*, *formes* et autres appareils servant à fabriquer le savon, si ce n'est en vertu d'une déclaration faite par écrit vingt-quatre heures d'avance au bureau de la régie.

Tout changement dans le mode de fabrication, dans la nature des fabrications ou dans le régime de la fabrique pour les jours et heures de travail, doit être précédé d'une nouvelle déclaration.

Lorsque le fabricant veut suspendre ou cesser les travaux de fabrication, il doit également en faire la déclaration au bureau des contributions indirectes.

Art. 3. — A l'extérieur du bâtiment principal de tout établissement où l'on fabrique le savon, les mots : *Fabrique de savon* doivent être inscrits en caractères apparents.

Art. 4. — L'administration des contributions indirectes peut exiger :

1° Que les jours et fenêtres donnant directement sur la voie publique ou sur les propriétés voisines soient garnis d'un treillis de fer à mailles de 5 centimètres au plus ;

2° Que la fabrique et ses dépendances n'aient qu'une entrée habituellement ouverte, et que les autres soient fermées à deux serrures, la clef de l'une des serrures étant aux mains des employés de l'administration.

Ces dispositions sont applicables de plein droit aux fabriques nouvelles.

Si la fabrique n'est pas séparée de tout autre bâtiment, les communications entre la fabrique et les maisons voisines non occupées par le fabricant sont interdites et doivent être scellées.

Art. 5. — Un local convenable, d'au moins 20 mètres carrés, doit être disposé par le fabricant, *si l'administration en fait la demande,* pour servir de bureau aux employés.

Ce local doit être pourvu de tables, de chaises, d'un poêle ou d'une cheminée et d'une armoire fermant à clef.

Le loyer en est supporté par l'administration. A défaut de fixation amiable, il est réglé par l'autorité compétente.

Art. 6. — L'administration des contributions indirectes met gratuitement à la disposition du fabricant un registre destiné à constater les opérations de cuite et de versement en *mises* ou *formes.*

Le fabricant y inscrit, à l'instant même où les matières premières sont introduites dans la chaudière :

1° Le numéro de cette chaudière ; 2° la date et l'heure précise du commencement de l'opération ; 3° le poids et la nature de chacune des matières premières employées ; 4° et par approximation, d'après les résultats normaux de la fabrication, la quantité en poids de savon qui sera obtenue par 100 kilogrammes des différentes matières grasses employées.

Cette quantité, qui est discutée avec les agents de la régie, est prise en charge comme minimum de rendement.

Après la cuite, le fabricant inscrit au même registre, pour ce qui concerne distinctement chaque chaudière :

S'il s'agit d'une fabrication de savon mou : 1° l'heure précise du commencement et de la fin de l'entonnement ; 2° le nombre par calibre ou capacité des tonneaux qui ont été emplis ; 3° la quantité totale en poids de savon entonnée ;

S'il s'agit d'une fabrication de savon dur : 1° la date et l'heure précise du commencement et de la fin de l'opération du versement en *mises* ou en *formes* ; 2° le numéro de ces vaisseaux et le degré de remplissage de chacun d'eux.

Le registre mentionné au présent article est représenté à toute réquisition des employés de l'administration.

Art. 7. — A mesure que les tonnelets ou barils de savon mou sont emplis, le fabricant doit y fixer une étiquette qui est fournie gratuitement par l'administration des contributions indirectes.

La forme ou la couleur de l'étiquette varie suivant le poids des tonneaux ou barils. L'étiquette indique la date de son apposition, son numéro d'ordre ainsi que le poids du baril. Elle doit être maintenue jusqu'à ce que les tonneaux ou barils aient été enlevés du rayon de surveillance des fabriques.

Les *mises* ou *formes* renfermant le savon dur ne peuvent être vidées qu'en vertu d'une inscription au registre dont la tenue est prescrite par l'article précédent. L'inscription indique, pour chaque *mise* ou *forme,* la date et l'heure précise à laquelle commence l'extraction du savon, la date et l'heure à laquelle l'extraction a été terminée et la quantité en poids de savon obtenue.

Art. 8. — Les employés de l'administration prennent en compte, comme passibles de l'impôt, toutes les quantités en poids de savon entonnées ou extraites des *mises* ou *formes.*

Si ces quantités sont inférieures au minimum déclaré, les manquants sont imposables. Toutefois, l'administration supérieure, après justification, peut en accorder décharge.

Art. 9. — Les fabricants peuvent recevoir de l'étranger ou des colonies françaises, *avec* ou *sans* le crédit de l'impôt intérieur, toutes quantités de savon.

Sont également autorisés tous envois de savon de fabrique à fabrique, *avec* ou *sans* transfert du crédit de l'impôt.

Dans l'un et dans l'autre cas, les envois ont lieu sous le plomb de la douane ou de l'administration des contributions indirectes, et en vertu d'acquits-à-caution qui ne sont déchargés chez le destinataire que sur la représentation des chargements encore sous cordes et plombs.

Les produits que les fabricants reçoivent ainsi, *sans* transfert de l'impôt, sont pris en charge à destination comme libérés de la taxe.

Art. 10. — Le crédit de l'impôt intérieur pour les savons de toute espèce et de toute provenance peut être accordé par l'administration, dans les conditions déterminées pour les fabricants, aux simples marchands qui font habituellement des exportations à l'étranger ou aux colonies françaises.

Ces marchands ont à payer la licence de fabricant et à fournir une caution solvable.

Art. 11. — Les envois de savons, effectués à l'étranger par les fabricants ou par des marchands en gros assimilés aux fabricants, ont lieu en vertu d'acquits-à-caution et sous le plomb de l'administration des contributions indirectes, qui perçoit 10 centimes par plomb, à titre de remboursement des frais de l'opération.

Il en est de même des envois effectués à l'intérieur, à destination des établissements industriels affranchis de l'impôt.

Les agents chargés de la surveillance dans ces établissements, ne déchargent les comptes que jusqu'à concurrence des quantités de savon dont ils ont constaté l'emploi régulier. Le surplus, quelle que soit la date des prises en charge, est passible de la taxe intérieure.

Art. 12. — Les fabricants qui reçoivent du dehors des savons pour les travailler ou qui, postérieurement à la prise en charge des savons produits sur place, leur font subir des préparations, des manipulations de nature à en augmenter le poids, sont tenus de constater ces opérations de la même manière et dans la même forme que les fabrications ordinaires. A cet effet, il leur est remis par l'administration un registre spécial. Les inscriptions faites à ce registre indiquent notamment les quantités de savons remises en œuvre, la nature et la quantité des matières ajoutées et le poids total des mélanges.

Les accroissements de poids résultant des opérations viennent en augmentation des charges imposables.

Ces dispositions sont applicables aux fabricants de parfumerie qui reçoivent des savons du dehors.

Art. 13. — L'administration peut exiger que les savons dont la fabrication se trouve *achevée*, et dont l'enlèvement des fabriques n'est pas immédiat, soient emmagasinés dans des locaux distincts où il soit facile d'en opérer l'inventaire.

Les tonneaux ou barils renfermant du savon mou, les caisses renfermant du savon dur, ne peuvent être enlevés des fabriques qu'après avoir reçu, d'une manière apparente, un numéro de sortie, dont la série par catégorie doit être exactement suivie.

Les savons expédiés en blocs sans emballage spécial reçoivent un numéro d'ordre sur ces blocs eux-mêmes.

Art. 14. — Il est mis gratuitement à la disposition des fabricants et des marchands assimilés aux fabricants, un registre à souche qu'ils sont tenus de représenter à toute réquisition des employés de l'administration, et sur lequel ils doivent inscrire successivement, en toutes lettres, sans rature ni surcharge, avant chaque envoi imposable à l'enlèvement, l'espèce de savon, le nombre par série ou calibre des caisses, barils ou autres emballages, leurs numéros d'ordre et leur poids net total.

L'inscription constate, en outre, à la souche et à l'ampliation du registre, l'heure précise de l'enlèvement, le nom et la qualité du destinataire, le lieu de destination, ainsi que les voies de communication et les moyens de transport employés.

Les ampliations doivent être remises aux agents dans le délai d'un mois et rapprochées par eux de la souche.

Quoiqu'ils donnent lieu à la délivrance d'acquits-à-caution, les envois de fabrique à fabrique, *sans transfert du crédit de l'impôt,* sont inscrits au même registre, mais seulement à la souche. L'ampliation est annulée.

En cas de contravention quelconque constatée par un procès-verbal, le registre à souche peut être retiré des mains du fabricant, lequel est tenu alors de faire toutes ses déclarations au bureau de la régie.

Ne sont point inscrits audit registre les envois effectués en vertu d'acquits-à-caution *avec transfert du crédit de l'impôt.*

Dans tous les cas, les acquits-à-caution sont levés au bureau de l'administration des contributions indirectes.

Art. 15. — Dans un rayon de deux myriamètres autour de chaque fabrique, les ampliations des déclarations d'enlèvement doivent être représentées à la première demande des agents des contributions indirectes et des douanes.

La représentation des ampliations n'est plus obligatoire au delà du rayon, ni dans le rayon au delà de la gare de chemin de fer où s'est terminé le transport par la voie de terre ou d'eau.

Art. 16. — Les réintégrations en fabrique ou en magasin assimilé aux fabriques sont déclarées et constatées de la manière prescrite par l'article 9 pour les envois de fabrique à fabrique.

Art. 17. — Il est accordé décharge des quantités de savon remises en fabrication, à la condition que la refonte ait lieu en présence des employés de l'administration.

L'administration peut accorder aux fabricants ou marchands assimilés la décharge des droits afférents aux savons qui sont détruits, soit par accident en cours de transport, soit dans les usines ou magasins par un événement de force majeure.

Les manquants reconnus dans les fabriques proprement dites sur les quantités entonnées (art. 6) ou extraites des *mises* ou *formes* (art. 7), ne sont imposables que sous une déduction de 5 p. 100 au titre de déchets d'évaporation et de dessiccation.

Cette déduction est réglée d'après les quantités fabriquées d'un recensement à un autre. Toutefois, si, lors d'un recensement, il ressort un excédant de déduction, cet excédant est, jusqu'à concurrence de 5 p. 100 des restes, reporté au règlement suivant.

L'administration peut accorder une déduction supplémentaire aux fabricants et préparateurs de savons de parfumerie.

Aucune déduction pour évaporation ou dessiccation n'est accordée aux simples marchands pourvus de la licence de fabricant.

Art. 18. — Lorsque les fabricants ou marchands assimilés aux fabricants ont en charge des savons libérés d'impôt, les envois qu'ils effectuent à la consommation intérieure sont successivement imputés au compte des savons libérés, et ils ne donnent lieu à la perception de la taxe qu'après apurement de ce compte.

Art. 19. — Le compte des fabricants et des marchands assimilés aux fabricants est réglé mensuellement.

Lorsque le décompte s'élève à plus de 300 fr., les sommes dues peuvent être payées, sous les conditions réglementaires, en une obligation cautionnée à quatre mois de terme.

Si le paiement des sommes supérieures à 300 fr. est effectué au comptant en numéraire, au plus tard cinq jours après le règlement mensuel, il est alloué aux fabricants et marchands un escompte déterminé par le ministre des finances.

A défaut de paiement en obligations cautionnées ou au comptant avec escompte, le recouvrement des droits est poursuivi par voie d'avertissement et de contrainte, dans les conditions fixées par la législation générale des contributions indirectes.

Art. 20. — Les fabricants et les marchands assimilés aux fabricants obtiendront le crédit de l'impôt, aussi bien pour les qualités inventoriées, en vertu de l'article 17 de la loi du 30 décembre 1873, que pour les fabrications ou réceptions ultérieures.

En cas de déclaration de cesser, ils doivent payer sans délai l'impôt sur les quantités formant leurs charges.

Les simples marchands qui n'obtiennent pas le crédit de l'impôt sur les quantités inventoriées chez eux sont admis à payer immédiatement les droits, dans les conditions déterminées par les trois derniers paragraphes de l'article 19.

Art. 21. — Les acquits-à-caution délivrés pour des savons sont régis par la législation générale des contributions indirectes.

Art. 22. — Un règlement ultérieur d'administration publique déterminera les conditions spéciales dans lesquelles s'exercera l'immunité accordée aux fabriques et teintureries de soies, laines et cotons.

ARTICLE IX.

(Exposé des motifs du 11 janvier 1875, *Journal officiel* du 21 janvier 1875, p. 543. — Rapport de M. Plichon du 5 juin 1875, *Journal officiel* du 28 juin 1875, p. 4693. — Discussion le 17 juillet 1875, *Journal officiel* du 18 juillet 1875, p. 5506. — Circulaire n° 161, du 1er août 1875.)

Les contraventions aux dispositions de la présente loi et à celles du règlement d'administration publique, rendu pour son exécution, seront punies d'une amende de deux cents à mille francs (200 à 1,000 fr.), sans préjudice de la confiscation des objets saisis et du remboursement du droit fraudé.

Le produit des amendes et confiscations sera réparti conformément aux dispositions de l'article 126 de la loi du 25 mars 1817.

Commentaire.

1. — Cet article n'a donné lieu à aucune discussion ni devant la commission, ni devant l'Assemblée.

2. — Il est essentiellement regrettable, suivant nous, que le partage des amendes ait encore lieu aujourd'hui conformément aux dispositions de la loi de 1817.

D'après l'article 137 de la loi du 6 décembre 1814 sur les boissons, les employés n'avaient droit au partage du produit net des amendes et contraventions qu'en matière d'octroi, de tabacs et de cartes.

La loi de 1817 appliqua ce mode de partage en matière de boissons.

Plus tard, l'Administration sembla reculer elle-même contre les inconvénients ,et les dangers d'un tel partage ; mais en 1871 elle rétablit formellement ce déplorable système qui se trouve aujourd'hui consacré et aggravé par l'arrêté ministériel du 27 mai 1875.

Peut-on comprendre qu'à notre époque, dans un pays où l'honorabilité est la règle et la mauvaise foi l'exception, la loi donne l'exemple d'une aussi monstrueuse immoralité !

Extrait de l'ouvrage intitulé

<h2 align="center">LE RÉGIME DES BOISSONS</h2>

Par V. 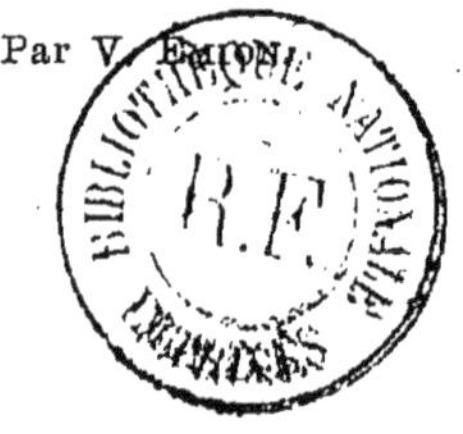